AF505309

75B
10x10

10 posters
10 logos
10 flyers
10 public spaces
10 catalogues
10 book covers
10 free cards
10 magazines
10 spreads
10 exhibitions

01 new year's party - now & wow, 2005
02 shield of rotterdam - de volkskrant, 2001
03 34rd poetry international festival - poetry international rotterdam, 2004
04 new year's party - now & wow, 2002
05 fotodocs - museum boijmans van beuningen, 2002
06 nike ladies run - wieden + kennedy, 1998
07 the stadium - netherlands architecture institute, 2000
08 it's all dalì - museum boijmans van beuningen, 2005
09 flirt - now & wow, 2002
10 pipilotti rist, 54 - centraal museum, 2001

10
posters

WOW: D.E.F. MR WIX JEREMAINE S HITMEISTER T.
NOW: AUDIO BULLYS (UK) JOEY DANIEL CLEON MACNACK LEROY STYLES BENNY RODRIGUES
DRESSINGROOM: UNDERGROUND BLASSÉ FEATURING SPACEMAKER ORBI KOSA & KAUS VJ ARI V SHITMEISTER T.
NEW YEAR
FVCK LOVE
2005 2006
NOW & WOW
AUDIO BULLYS
ROTTERDAM
NETHERLANDS
PRESALE € NOW!!
LOCATION: MAASHAVEN ZZ ROTTERDAM TICKET 35 EURO CHECK WWW.NOW-WOW.COM OR SPECIAL FLYER
PRESALE: ROTTERDAM - VELVET: OUDE BINNENWEG 121, BIJENKORF(CHILL OUT): COOLSINGEL105, EPISODE: OUDE BINNENWEG 144A, LIJFSTIJL: WESTEWAGENSTRAAT 56, SISTER MOON: NIEUWE BINNENWEG 89B, FUNKIE HOUSE: KORTE HOOGSTRAAT 15 AMSTERDAM - BIJENKORF(CHILL OUT): DAM 1, EPISODE: WATERLOOPLEIN 1 DEN HAAG - CONCRETE: SCHOOLSTRAAT 26, BIJENKORF(CHILL OUT): WAGENSTRAAT 3, BREDA - SOHO: TOLBRUGSTRAAT 22 TILBURG - ZIJNE KONINKL. HOOGH.: NOORSTRAAT 86 UTRECHT - LILITH: DONKERE GAARD 9

ROTTERDAM
010

34e
Poetry
Int   na
Fe   al
Ro   se
Schouwburg
14 tm 20 Jun
www.poetry.nl 010 282277
Lips that taste
of tears,
they say,
Are the best for
kissing!
DOROTHY PARKER

ANTI MEUBEL BOULEVARD
ANTI
ANTI-MEDIA
ANTI VIP
anti-
Anti-Liaan
anti-kalk-aanslag
anti-cita
ANTI-SHAVE
ANTI KUT MARROKAAN
ANTI GLAMOUR
ANTI GLOBAL
ANTI
ANTI PAST!
EX ANTI-VINEX ANTI
Anti PChooft
Anti AANTK
ANTI COMPETITION
Anti House
ANTI- TOP DJ
ANTI POLITIEK
anti-pro
NOW & WOW & MTCPARTY PRESENT
FUCKSTARFUCK
TUE DECEMBER 31
NEW YEARS EVE
OPEN 22.00
ENTRANCE FEE €37,50
(EXCL €1,25 COMMISSION)
anti homo
ANTI STREEPJES HEMD
ANTI HOLE
ANTI TED
Anti Bin Laden
monogaam
ANTI Cliche
ANTI- cultuur
Anti Anita

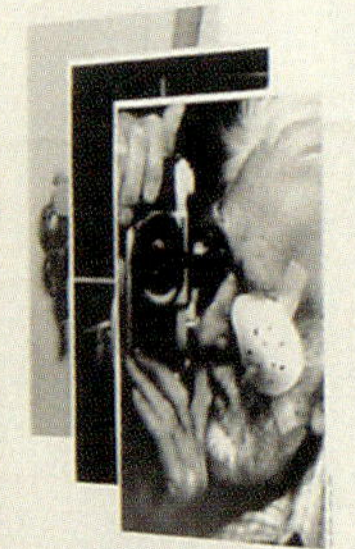
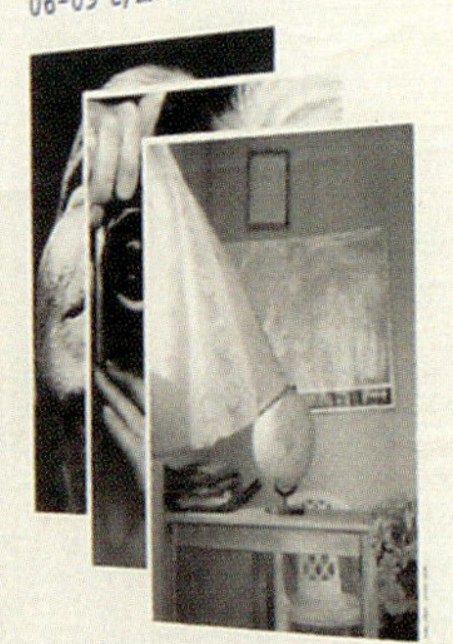

cs fotodocs
06-09 t/m 03-11 2002
fotodocs
06-09 t/m 03-11 2002
Het Nederlandse Bedrijfsfotoboek 1945-1965, Ine Lamers, Edgar Cleijne
Jeremy Edwards - 'Solutions for Today', Wally Elenbaas en Esther Hartog
Fotocollectie Museum Boijmans Van Beuningen
Museum Boijmans Van Beuningen Rotterdam

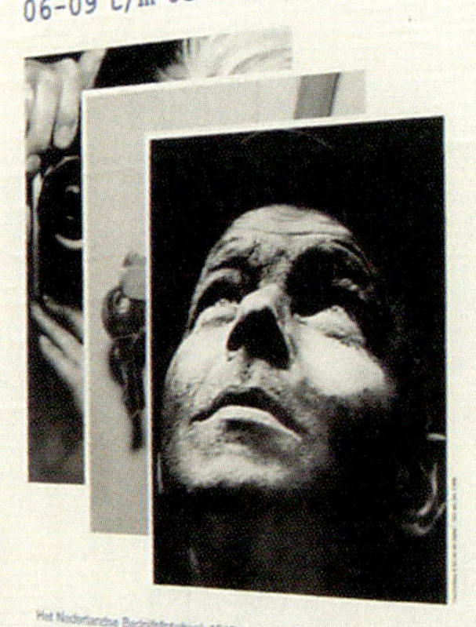

fotodocs
06-09 t/m 03-11 2002
Het Nederlandse Bedrijfsfotoboek 1945-1965, Ine Lamers, Edgar Cleijne
Jeremy Edwards - 'Solutions for Today', Wally Elenbaas en Esther Hartog
Fotocollectie Museum Boijmans Van Beuningen
Museum Boijmans Van Beuningen Rotterdam

fotodocs
06-09 t/m 03-11 2002
Het Nederlandse Bedrijfslotsboek 1945-1965, Ine Lamers, Edgar Cleijn
Jeremy Edwards - 'Solutions for Today', Wally Elenbaas en Esther Hart
Fotocollectie Museum Boijmans Van Beuningen
Museum Boijmans Van Beuningen Rotterdam

ALLES
RENT
BEHALVE EEN
VENT
NIKE LADIES RUN
3 MEI 1998 HILVERSUM BEL VOOR INFORMATIE 070 320 8181
VIVA
Grand Italia

HET STADION
DE ARCHITECTUUR VAN MASSASPORT THE ARCHITECTURE OF MASS SPORT
TENTOONSTELLING EXHIBITION
8 JUNI - 24 SEPTEMBER 2000
NAi Nederlands Architectuurinstituut

MUSEUM BOIJMANS
VAN BEUNINGEN
FILM, MODE, FOTOGRAFIE, DESIGN, RECLAME, SCHILDERKUNST
05 MRT 05 - 12 JUN 05
ALLES Dalí
reserveren mogelijk
WWW.ALLDALI.ORG

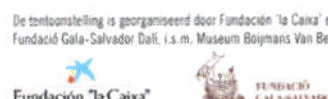

De tentoonstelling is georganiseerd door Fundación 'la Caixa' en
Fundació Gala-Salvador Dalí, i.s.m. Museum Boijmans Van Beuningen.
Fundación "la Caixa"
FUNDACIÓ GALA-SALVADOR DALÍ
Hoofdsponsoren:
ENECO energie
Unilever

SAT MAY 29
FLIRT
NOW & WOW
WWW.NOW-WOW.COM
INFO@NOW-WOW.COM
LOCATION: METRO-STATION MAASHAVEN ROTTERDAM

PIPI
LOTTI
RIST
54
c c
c c
c c
centraal
museum
17 AUGUSTUS -18 NOVEMBER 2001
Open, dinsdag-zondag 11:00-17:00 Dicht, maandag
Centraal Museum, Nicolaaskerkhof 10 Utrecht, www.centraalmuseum.nl

10
logos

mama

MISTER MOTLEY

WATER
FRONT

historisch
schielandshuis
museum
dubbelde palmboom
rotterdam

codarts
hogeschool voor de kunsten
26
rotterdams conservatorium
rotterdamse dansacademie
havo voor muziek en dans

NOW & WOW

F
FONDS VOOR
BEELDENDE KUNSTEN
VORMGEVING
EN BOUWKUNST
276

ROTTERDAM
CITY OF 2007
ARCHITECTURE

KEINE ANGST
GRATIS
HAARSCHNITT

vers
uit de
maas

01 fashion in the first degree - club roxy, 1997
02 january - now & wow, 2002
03 international breakdance event - nighttown, 1998
04 electric sunset - de vlerk, 1997
05 kleur! exhibition - bezet, artoteek schiedam, 2001
06 november - club roxy, 1998
07 made in hong kong - mtc party, 2000
08 1999 space club - arling & cameron, 2000
09 pipilotti rist, 54 - centraal museum, 2001
10 soulpunkers on discospeed - now & wow, 2003

10
flyers

club
ROXY
club theatre discotheque

Fashion in the First Degree
October 15th - 19th 1997
7 ways to show Fashion Crimes in 5 days

TED BAKER
LONDON

Written by Ted Baker, Prinsengracht 705, 1017 JV Amsterdam

Now-196

&-190

Wow-192

Now-197

&-191

Wow-193

Now-198

&-192

Wow-194

Now-199

&-193

Wow-195

Now-200

Now-201

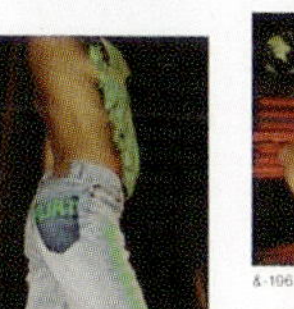

&-195

&-196

Wow-198

&-194

Wow-196

Now-202 Margreet Oltshoorn

Wow-197

Now-203

NOW & WOW

DJ CONTEST BY FATBEATS
PRE-ROUNDS AND FINALS CONTEST
THIS CONTEST IS ALSO A PRE-ROUND FOR THE OFFICIAL ITF CHAMPIONSHIP

BATTLE DJ: DJ ALIEN
...DE GEKSTE N.V. & VERBAL EDGE & OTHERS

758 c 98 BURN THE TOWN DOWN!

The graffiti exhibition with over 3000 images of graffiti on trains. Supplied by Bomber Magazine. Curated by The Trick Mob. Grand Opening 29th of May at 15.00. Show until 19th of July. Witte de Withstraat 21, 3012BR Rotterdam. www.mama.ipt.nl

mama

Concept & ideas: Gijs La Riviere, Matthieu Stakman (DJ Alien), Marcel Haug
Special thanks: Tyrone van der Meer, Sascha Engel & Academy for Dance in Rotterdam
Thanks: Martin, Sander, Kinky Mark, Boris, Ricardo, Maurice, Nafer, 758

FATBEATS
montana
belton
urban unit
INFO +31-6-54745868

DAY 01 Opening: 15.00-20.00 Graffiti-jam at Schouwburgplein. fl 0,-
Nighttown Theater & Basement fl 25,- Doors 18.00

DAY 02 Doors 15:00 Nighttown Theater,
Mainhall & Basement. Entrance-fee fl 35,-

DAY 03 Doors 15:00 Nighttown Mainhall & Basement.
Entrance-fee fl 35,-

Membership fl 3,50. 3-day pass is fl 70,- Visitors outside Holland can reserve tickets by e-mail ibe98@nighttown.nl

NIGHTTOWN
WESTKRUISKADE 26-28 ROTTERDAM HOLLAND TEL: 31(0)10 4361210
E-MAIL: INFO@NIGHTTOWN.NL CHECK LATEST INFO AT WWW.NIGHTTOWN.NL
Tickets Rotterdam pre-sale: Nighttown Ticketshop (12.00 - 24.00 uur)
Velvet Music, Radio Blaasweg 121, Boypreachers & Kaos Capitol, Westblaak 188
National pre-sale: VVV main post offices
All regular pre-sale addresses and Ticketline 0900 3001755 (75 cents p.m.)

BATTLES BETWEEN THE BEST BREAKIN' CREWS

ROMEO & JULIET BY ACADEMY FOR DANCE & 010 B-BOYZ
MUSIC: DJ ALIEN AMO-LAB (SHY-ROCK & DJ PRECISE) MC BRAINPOWER DESPERADOS
COMMITTEE GUNMEN (E-LIFE, SONNY DIABLO, THE ANONYMOUS MIS, U-NIQ)
HIP-HOP MERCHANDISE MARKET SELLING EVERYTHING THAT HAS TO DO WITH HIP-HOP
MOVIES: WILD STYLE STYLE WARS BREAKDANCE BEATSTREET RADIOTRON BBOYSUMMIT
WORKSHOPS BREAKDANCIN' BY PAULO (ALL STAR BREAKERS & 010 B-BOYS) & DJ WORKSHOP

AREAS ARE LINKED WITH VIDEO BIG SCREEN PROJECTION
HOSTED BY SHY-ROCK

DAY 01 THURSDAY MAY 29 1998

010 B-BOYZ HEADLINERS ZOMBIE SQUAD DCO DJ DUBZ DJ CUT NICE DJ PRECISE DJ BOOTSY PAUL
SLIDESHOW-LECTURE BY QUIK ABOUT NEW YORK GRAFFITI ART & INFORMATION STAND FRIENDS OF LEE

HOSTED BY SHY-ROCK

SWET CAN 2
MODE 2 REW
DELTA ZEDZ
CES 53 PENIS BLIS
BEZO ASE PONE DUBS
SHEK DU SHKRIZI SEGHA

sat 4-10
electric sunset
dj doublebass
electric sunset
mixing techno-dub hard-hop goa-trance jungle old style
electric sunset
PODIUM DE VLERK
westblaak 80 tel 010.4116800 rotterdam
aanvang 22.00 entree f 10.00

KLEUR!
TENTOONSTELLING

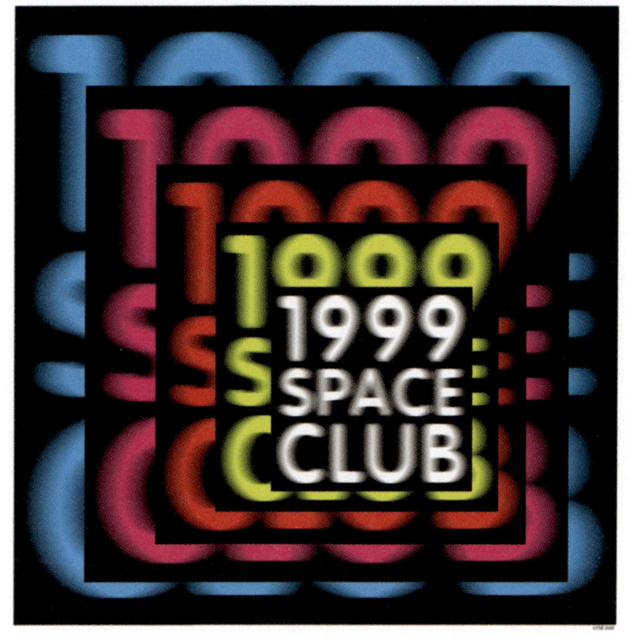

"a Studio 54 in Space..."

Starring	Directed & Produced	Screenplay	Music	
Buck Rogers	Lucien Samaha	Steve Korver	Ho-J Starlight	

©2000, Emperor Norton in association with SunbeamProductions & SixStar Pictures. Dolby Stereo sound. Also available on Video2000 from february 20th.

MTCPARTY
MADE IN HONG KONG

club RoXY
richard
streaming techno
january 31st
february 14th
23.00 till 05.00
random saturdays
once a month
f 20.00
members free

real audio

VIRGIN VODKA

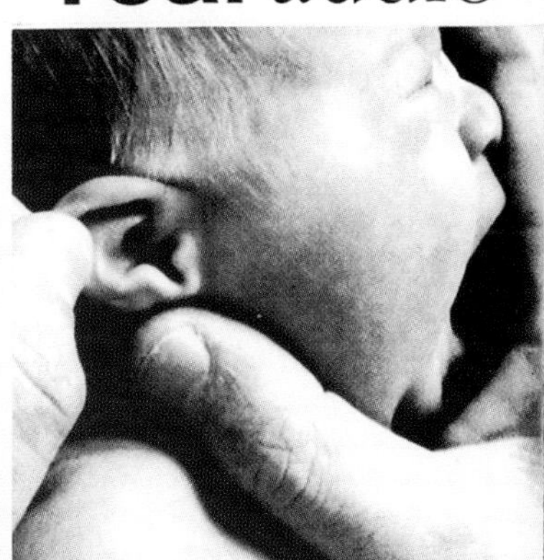

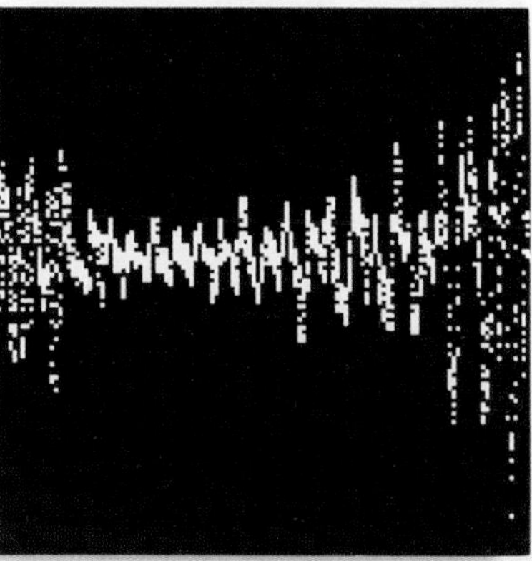

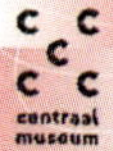

OPENING Do 16-08-2001 16.00 uur
1D9/16 07 2001/15:44
CENTRAAL MUSEUM   UTRECHT
9262
Staanplaatsen, vrije plaatskeuze
ServiceTicket*

PIPILOTTI RIST
-54-

c c c
centraal
museum

kaartnummer: 1093455782345/75b
adres: centraal museum, utrecht nicolaaskerkhof 10 / 3512 xc utrecht
www.centraalmuseum.nl

PIPILOTTI RIST / RIST SISTERS CORP. ZÜRICH
VAN 17-08 T/M 18-11 2001 / CENTRAAL MUSEUM, UTRECHT
TEL: 030 236 2362   WWW.CENTRAALMUSEUM.NL

PERFORMING ARTISTS:
VIVE LA FÊTE (LIVE)
REAL EL CANARIO
LUCIEN FOORT
LACROIX
MR WIX
VJ NYO
L DOPA
HITMEISTER D
MC NOVA
JIP DELUXE
PRESENTS
NOW&WOW
SOULPIONEERS ON DISPLAY
SPEED
SATURDAY NOVEMBER 29TH 2003
ST. JOBSVEEM, LLOYDSTRAAT 30
ROTTERDAM, HOLLAND
ONLY DOORSALE: 15 EURO
Tel + 31 10 4771074
Fax +31 10 4775607
www.now-wow.com
info@now-wow.com
Photo & Styling by Pietra Ligura
Models: Patty, Rafael, Eva, Monya, Tenny
Make-up by Judith van Dongen & ass. Alejandra
Styling & acting at night Wow by Margareth West
Styling & acting at night Now by Pietra Ligura Assistant: Arezou
Makeup at night: Judith & Dyan
Dancefloor Art by JEMAMA
Flyerdesign by 75B
Creative Direction: Ted Langenbach
Clubproducer: Jeroen
Multiple Things by Tjimme Ruyter & Fred v. Leer
Special Thanx to Atelier Van Lieshout for 'Mercedes met kanon' Collectie Boijmans van Beuningen (Rein Wolfs)
Reopening Graansilo is delayed till February 2004
Next Now&Wow parties on 26/12 & 31/12 old location (St. Jobsveem)
adidas
AVL
l'image du champion

01 seks in afrika - rothschild & bach/spunk, 2006
02 stinknegers - rothschild & bach/spunk, 2006
03 5 strippen - rothschild & bach/spunk, 2006
04 jihad in kinderschoenen - rothschild & bach, 2006
05 ja/nee - rothschild & bach/spunk, 2006
06 posing - 020 publishers, 2001
07 godin van de jacht - heleen van royen, 2006
08 gigataal - prometheus, 1999
09 uitburgeren - rothschild & bach/spunk, 2006
10 true variety - international film festival rotterdam, 2003

10
book covers

Renske de Greef
o.a. Mensen flirten Riten & Aids
Seks in Afrika
Rothschild & Bach / Spunk Boeken

RAOUL DE JONG

STINK NEGERS

ONTDEKKINGSREIS DOOR AFRIKA

Rothschild & Bach / Spunk Boeken

WIEGERTJE POSTMA

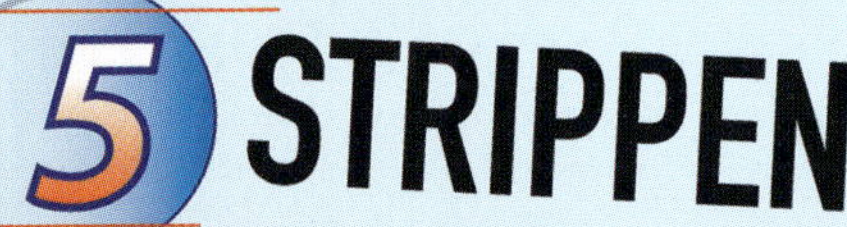

EEN STREEKBUSROMAN

Rothschild & Bach / Spunk

Marije Veerman & Sanne Groot Koerkamp

Jihad in kinderschoenen

tussen radicale moslim-jongeren in Nederland

Rothschild&Bach

Rothschild&Bach / Spunk Boeken

JA

Geef me alsjeblieft aandacht!

Renske de Greef

NEE

Laat me toch met rust...

Jan Hoek

POSING

Marenka Gabeler

© 2001 / 020

90-5912-001-9

GODIN
HELEEN
VAN DE
VAN ROYEN
JACHT

stijlwoordenboek
voor het nieuwe
millennium

gigataal

frank bierens & mo veld

UITBURGEREN

FANNY & ALMA
OP SAFARI IN ALLOCHTONENLAND

**Funding the Art
of World Cinema**

TRUE
VARIETY

**Funding the Art
of World Cinema**

TRUE
VARIETY

10
spreads

De Buren

Tsja. In principe gaan de winkels zo sluiten en is er nog geen eten in huis. Ik had de nieuwe man van 4a met alle liefde nog een tijdje een goededag teruggewenst maar mijn knorrende maag roept. 'Ik ga boodschappen doen.'
'Mooi weertje, mooi weertje.'

Als ik terugkom zit hij er nog. Net verhuisd, nu al vrienden. Hij is gaan zingen. Kinderen uit de straat staan gefascineerd toe te kijken. Iemand vraagt de nieuwe buurman iets. 'Goedenavond,' antwoordt hij enthousiast. Ik probeer mijn fiets vast te zetten, de weg wordt geblokkeerd door een van de kinderen. 'Tol betalen,' zegt hij. De hand uitgestoken. Het bierviltje dat ik hem aanbied wordt met veel verontwaardiging geweigerd. 'Weet je niet wat tol is ofzo?' Amper vijf jaar oud. Een auto toetert, ik zie mijn bovenbuurvrouw nog net wegschieten voor ze bijna wordt geschept, in de verte rinkelt de bel van de brug die open gaat. Een jonge man, begeleid door ballerige types, tovert drie klapstoeltjes tevoorschijn en zet een fles rosé in de vensterbank. Twintig meter verderop zet iemand het op een sprinten om de bus te halen. 'Hallo!', klinkt het van alle kanten. Alsof we op een feestje zijn. Welja. Even denk ik dat ik inderdaad op een feestje ben met mijn beste vrienden. Ik ken alle gezichten zo goed. Maar als ik op het punt sta de ballerige buurjongen te vertellen dat ik zo trots op hem ben bedenk ik dat ik zijn naam helemaal niet ken. Dat ik helemaal niet trots op hem ben, omdat ik hem überhaupt niet ken. Ik struikel van de plotselinge weeromstuit en niemand helpt me overeind. Da's waar ook. Het is niet het feestje van mijn beste vrienden, het zijn gewoon mijn buren die het geen fuck kan schelen of ik nu wel of niet zal koken vanavond of dat ik op mijn snufferd lig. Toch zie ik ze vaker dan mijn eigen ouders. Het is net als met bekende Nederlanders. Je ziet ze elke dag maar eigenlijk weet je helemaal niets van ze. Het is alleen maar buitenkant.

Diezelfde buitenkant inspireert weer vele kunstenaars. In het boek *Beautiful Losers* laten verschillende kunstenaars hun kijk op 'de buurt' zien. Een van hen is Chris Johanson, een skateboarder uit San Francisco. De *Beautiful Losers* hebben allemaal wel iets met de skateboardcultuur te maken. Het is ook niet voor niets dat ze de straat als uitgangspunt gebruiken. Ze kijken op een hele andere manier naar buiten, omdat ze er altijd zijn. Voor hen is buiten niet alleen een gangetje van het ene binnen naar het andere, maar een tweede huis. Chris Johanson maakte een schilderij van een typische Amerikaanse 'neighbourhood'. Een zooitje losstaande huizen, auto's geparkeerd op de oprijlaan. De suburbs. Drie passanten. Twee mannen groeten elkaar. De straat als ontmoetingsplek, zou je kunnen zeggen. Het lijkt wat verlaten in zijn straat, toch gebeurt er iets. Toevallig. Want zo is het op straat. Dat er altijd toevallig iets gebeurt. Er blaft een hond, er wordt een fiets gestolen. Toch is het niet alleen de straat die Johanson schilderde. Bij de huizen staan auto's geparkeerd, om maar iets te noemen. Binnen wordt geleefd. En wat gebeurt er als de zon niet schijnt als op het schilderij? Als het keihard onweert? Dan zouden er nog minder mensen zijn op straat. In ieder geval hadden de buren elkaar niet zo vriendelijk gegroet. Waren ze snel naar binnen gehold en elkaar uit het oog verloren. En dan? Soms is wat je niet ziet bijna nog interessanter dan wat je wel ziet.

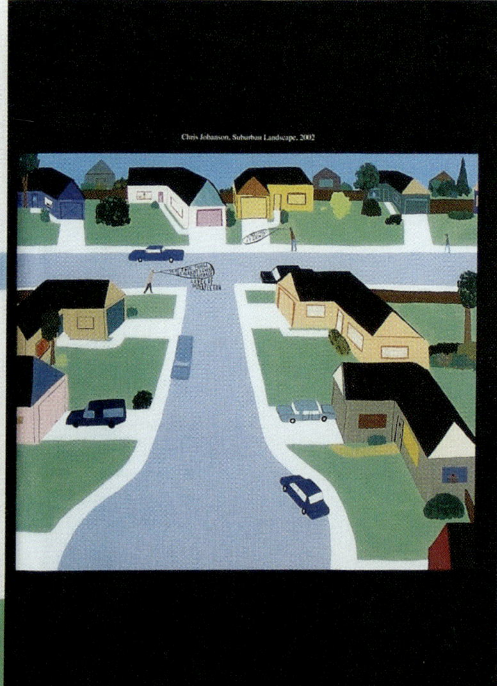

Chris Johanson, *Suburban Landscape*, 2002

Retrospectief te zien in en rond de Witte de Withstraat, Rotterdam 13 September - 9 November 2002

Retrospective on show in and around the Witte de Withstraat, Rotterdam September 13th - November 9th 2002

ROTTERDAM
ROTTERDAM

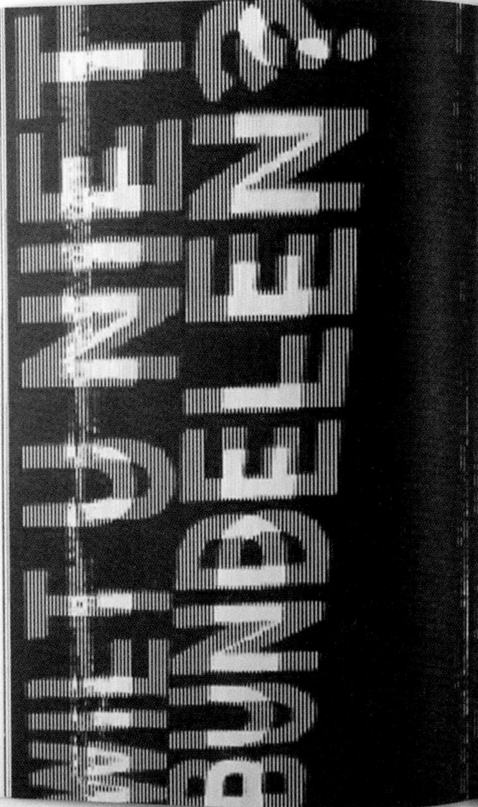

Volijverige boekhandelaar Hans van den Bos attendeerde mij erop 'dat ik met naam en toenaam stond' in *Tieners* van Henne van der Kooy, een recent geschrift 'over schoolkranten in de jaren zestig, wie daarin schreven, wat hen bezig hield, wat hun ambities waren, en wat er van hen geworden is!' En inderdaad... mijn dichterscarrière is begonnen, eind jaren vijftig, in het schoolblad van het R.K. Bernardinuscollege te Heerlen, *Binden & Bouwen*.

Lang, lang geleden dus.

Zo is mijn toenmalige medeeredacteur Pé Hawinkels, de latere dichter-vertaler, al sinds jaar en dag wijlen. Bij het recente vijftigjarige jubileum van Herman Brood, moest ik uiteraard aan Nijmeegs *local hero* denken want hij was Broods ijzersterkste tekstschrijver.

Mijn andere medeeredacteur, de (teken)filmer Harry Geelen ('*Weet u de weg naar Oebele, meneer?*'), is *still alive and kicking*. De schaarse keren dat ik in Hilversum ben, bezoek ik hem wel eens in de Anton Pieck-achtige opstal waar hij alsmaar Gouden Griffels verzamelt met zijn kinderboek-illustraties.

Toen wij uit de Mijnstreek vertrokken, vertrokken wij naar zee. Mijn oude heer, in zijn schaarse vrije tijd Bèta-dichter oftewel uitvinder, had zich vlak na de oorlogsjaren een eigen *voiture* uit autowrakstukken van duistere Duitse afkomst weten te bouwen. Een houtje-touwtje-auto, die om de haverklap met een grote stinkende zucht placht stil te staan. Met dat ellendevehikel tuften wij jaarlijks begin augustus via Rotterdam (door de Maastunnel, want dat vonden wij, kinderen, spannend...) naar Noordwijk. De eerste keer dat ik als kleuter de zee zag ('Thalassa! Thalassa!') moet dat blijkbaar een superfreudiaanse indruk op me hebben gemaakt. Daar kwam later op het Gymnasium de poëzie van Adriaan Roland Holsts *Een winter aan zee* nog eens dunnetjes over heen. Kortom, ik moest en zou rechten in Leiden studeren, want dat was de Universiteit het dichtst bij zee. Maar waarom rechten? Omdat dat een studie is die je gemakkelijk naast de beoefening van de poëzie erbij kunt doen - althans dat dacht ik toen... Het slot van het verhaal *De dwazen, de zee*, dat ik als tiener in het schoolblad schreef, drukt achteraf gezien toch ook nog iets anders uit, gelukkig. Henne van der Kooy:

"In *Tieners* nr 1 stond Manuel Kneepkens met *De dwazen, de zee*, zes bladzijden proza over oorlogsleed en de strijd voor een betere wereld die mij deden herinneren aan Wolfgang Borcherts *Draussen vor der Tür*, een toneelstuk over een Duitse oostfrontsoldaat die net als Kneepkens' hoofdpersonen uitgestoten wordt door de naoorlogse samenleving waarin hij terugkeert. Dat stuk ontdekte ik... ongeveer in de tijd waarin Kneepkens zijn verhaal schreef. Diepe dramatiek die me destijds tot tranen roerde. Kneepkens eindigt, dat kan van Borchert niet gezegd worden, nog met een positieve noot: 'Doornstaak [de vriend van de verteller, HvdK] trad naar voren. Geen mens meer, een groter wezen. "Nu zal er recht geschieden," zei hij. Hij slingerde de stoel weg; de spiegelruiten splinterden. Evenzo deden wij, de vreemde en ik. Het Ritz viel stil. Zo geschiedde recht op die dag. Wij omhelsden elkaar. Ik, de Christus en Doornstaak.'"

Diepe indruk maakte destijds in mijn eerste jaar in Leiden de zelfmoord van de student Van Mastrigt. Jaren later, in café De Overheid in Rotterdam, zag ik hem plotseling terug tussen Vaandrager en

KitKat

NIVEA
Creme

Coca-Cola
PEPSI

Bin Shopping, 2002
ijzer en plastic, conté op papier / iron and plastic, conté on paper, 200 x 110 x 700 cm
courtesy Stella Lohaus Gallery, Antwerpen

"The image is a prison of the soul, your heredity, your education, your vices and aspirations, your qualities, your psychological world."

10
public spaces

TPGPOST

1990-2000
jong!
1990-2000
jong!
1990-2000
jong!

VIA KUNST
galerie
via kunst
335
dicht

MIDGET
HOTEL
HERAS
HERAS

CRAZY
GOAL!

10
catalogues

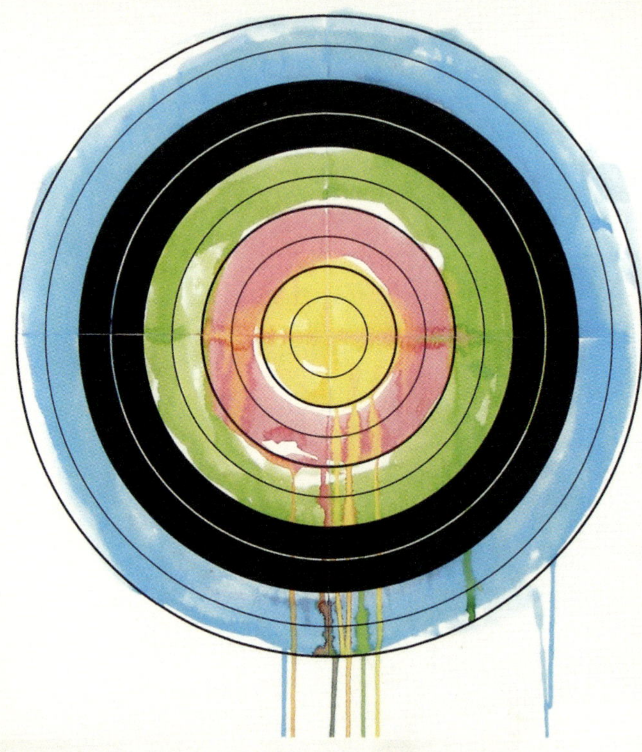

Exorcism Aesthetic Terrorism

Licht ontvlambare temperamenten in de hedendaagse kunst
Fiery temperaments in contemporary art

Museum Boijmans Van Beuningen Rotterdam

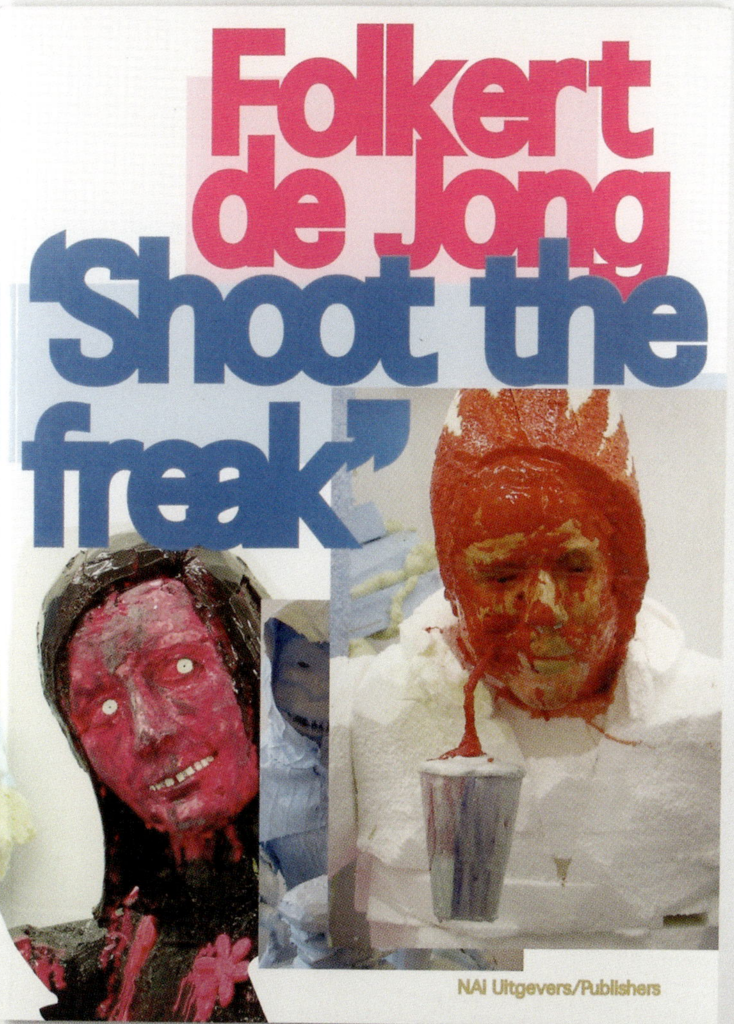
Folkert
de Jong
'Shoot the
freak'
NAi Uitgevers/Publishers

CHARLOTTE SCHLEIFFERT
Choke Me
Spank Me
FEEL NO SHAME
Museum Boijmans Van Beuningen Rotterdam - NAi Uitgevers / Publishers Rotterdam

Č

the
flood

NAUGHTY BY NATURE
not because I hate you...

ERIK
VAN
LIESHOUT

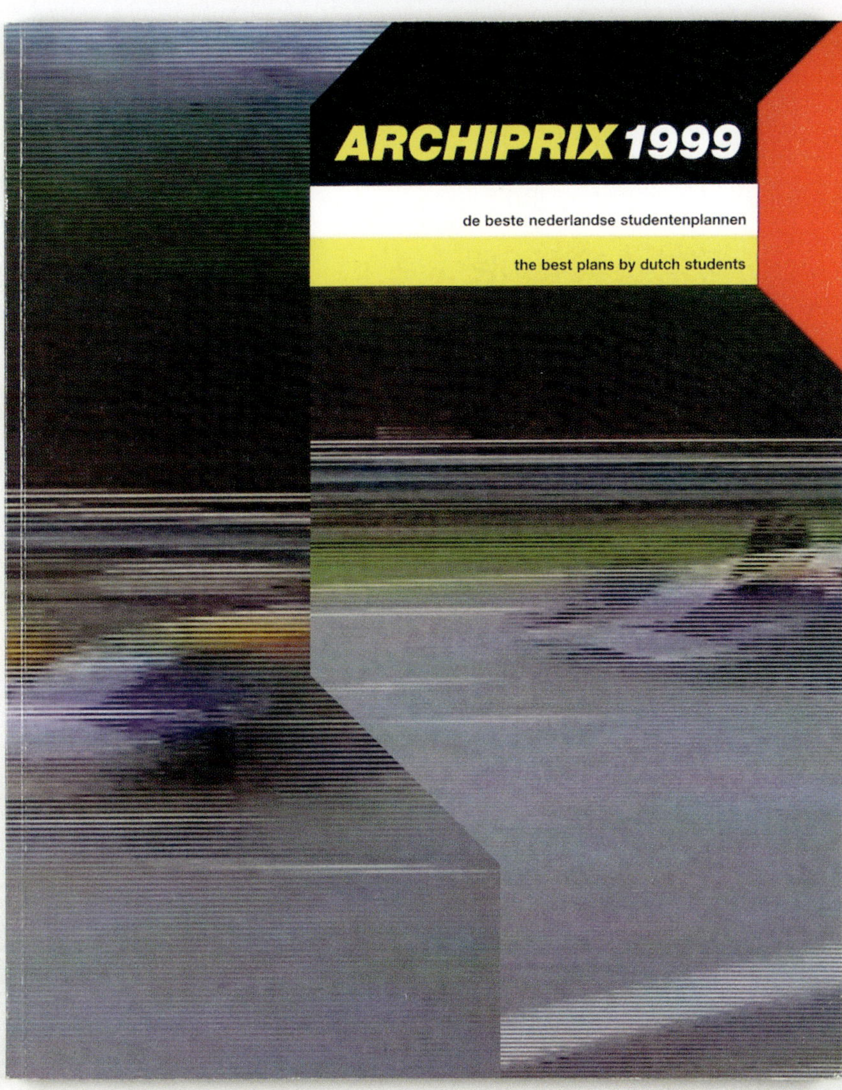
ARCHIPRIX 1999
de beste nederlandse studentenplannen
the best plans by dutch students

MET
STIP
F
2006
BEELDENDE KUNST

SHINE
WENSDROOM EN TOEKOMSTVISIOEN
IN DE HEDENDAAGSE KUNST
WISHFUL FANTASIES AND VISIONS OF THE
FUTURE IN CONTEMPORARY ART
Museum Boijmans Van Beuningen Rotterdam
NAi Publishers

01 the dummy speaks - the dummy speaks, 1999
02 stoep - hardcore skatestore, 1996
03 passionate - passionate, 1997
04 codarts magazine - codarts, 2005
05 levi's lives - fanclub, 1999
06 news letter - fonds bkvb, 2004
07 dalì news - museum boijmans van beuningen, 2005
08 wonen en wonen - mister motley, 2001
09 mare nostrum papers - international architecture biennale, 2005
10 annual report 2000 - fonds bkvb, 2001

10
magazines

THE DUMMY SPEAKS

Pamela Anderson

JAN/FEB - JG04 - NR01 - FL9,99
PASIONATE
LITERAIR TIJDSCHRIFT

codarts magazine
hogeschool voor de kunsten

Milou Nuyens
Lilian Vieira
Sven Janssens
Daniel Costa
Celine Wadier
Chicago
Brasilectro

Juni / June 2005

rotterdams conservatorium   rotterdamse dansacademie

Levi's® Lives

NIEUWSBRIEF

F 06

**FONDS VOOR
BEELDENDE KUNSTEN
VORMGEVING
EN BOUWKUNST**

Dalí  NEWS

GALA FIRST

MONARCH OF THE DAILIES
DALI MIRROR INCORPORATED

NIEUWE AANWINST TOPSTUK DALI

OVER MAE WEST, HAAR LIPPEN EN DE SOFA

LONDEN - Eind 2003 werd een hoogtepunt uit de voormalige kunstcollectie van Edward James te koop aangeboden: de 'Mae West Lips Sofa', een van de opzienbarende banken die Salvador Dalí omstreeks 1938 ontwierp. Het was een unieke kans voor Museum Boijmans Van Beuningen om een vroeg werk van Salvador Dalí te bemachtigen. Dat de bank de publiciteitscampagne van de Dalí tentoonstelling siert, geeft aan hoe belangrijk en emblematisch het stuk wordt geacht voor de museumcollectie.

Edward James (1907-1984), erfgenaam van een indrukwekkend familiekapitaal, wijdde zijn leven aan lezen en schrijven. Tevens toverde hij het familiehuis in Sussex om tot een ontmoetingsplaats voor de avant-garde. Zijn mariage de raison met prima ballerina Tilly Losch - James was homoseksueel - leidde tot Gesamtkunstwerken waarbij muziek, kostuums en dans tot een nieuwe synthese kwa-men. Al snel raakte James in de ban van het surrealisme. Hij maakte in 1935 kennis met Dalí en kocht van 1936 tot 1938 bijna al diens werken. Tegen het eind van de jaren '30 werd Monkton House een flamboyante plek waar het surrealisme tot grote bloei kwam. Hoewel de exacte ontstaansgeschiedenis en datering van de verschillende Mae West Lips Sofa's niet eenduidig zijn, lijken de eerste exemplaren omstreeks 1937-38 te zijn ontstaan uit een samenwerking tussen Dalí en James. Er zijn zes vroege exemplaren bekend. Dit zijn drie paren, in een onderling verschillende uitvoering. In zijn autobiografie meldt Dalí dat het eerste paar werd gemaakt voor de Parijse boutique van modeontwerpster Elsa Schiaparelli. Deze lippenbanken zijn gestoffeerd met roze satijn, in 'Shocking Pink', de kleur van Schiaparelli's lippenstift. De twee banken zijn hoogstwaarschijnlijk nooit in de salon aan Place Vendôme geplaatst en mogelijk was dit de set die Dalí zelf in zijn bezit had. Een exemplaar hiervan is later eigendom geworden van Edward James en is vandaag de dag door de Edward James Foundation in bruikleen gegeven aan het Victoria & Albert Museum in Londen. De andere bank, waarvan bekend is dat hij in het huis stond van Baron Roland de l'Esprée, is zoek geraakt. Daarnaast is een paar bekend, een langgerekte versie met zwarte franjes langs de onderkant, dat nog steeds in het bezit is van de Edward James Foundation. Een exemplaar van dit stel is in bruikleen gegeven aan het Museum of Moving Image in Londen. Tenslotte is er een paar dat gestoffeerd is in twee kleuren flanel. De rug en zitting zijn knalrood.

Vervolg zie pagina 3

'1 LIKE DALÍ VERY MUCH!'
willem de kooning (new york times 5 febr. 1978)

'WILLEM DE KOONING IS THE GREATEST!'
salvador dalí (art news april 1968)

v.l.n.r. Wim Pijbes en Saskia Cornelissen van de Kunsthal en burgemeester Ivo Opstelten (foto Cor Vos)

VAN DE REDACTIE

ROTTERDAM, mei 2005 – In 1919, op 15-jarige leeftijd, produceerde Dalí zijn eerste krant: een schoolkrant met artikelen over El Greco, Goya, Michelangelo en Velásquez. Gedurende zijn hele carrière bleef Dalí gebruik maken van de pers: enerzijds als instrument om zichzelf te promoten en anderzijds als platform om te experimenteren met de verschillende grafische en beeldtalen die waren toegesneden op dit medium. Soms liepen die dingen door elkaar zoals bij de Dalí News. Hij lanceerde zijn persoonlijke krantenuitgave naar aanleiding van zijn tentoonstellingen in New York in 1945 en in 1947. Ter gelegenheid van de tentoonstelling 'Alles Dalí' in Museum Boijmans Van Beuningen te Rotterdam heeft het museum besloten de Dalí News nieuw leven in te blazen en enkele nieuwe nummers uit te brengen in de moderne tabloidvorm. Zodoende heeft u nu de Dalí News nr. 4 in handen. De originele Dalí News zag eruit als een populair dagblad met grote achtkoloms koppen en veel beeldmateriaal. Het doel van zijn krant legde Dalí uit in het redactioneel:

"Aangezien een krant het aan zichzelf verplicht is over veel verschillende onderwerpen te berichten [...] heb ik besloten in dit blad alles te schrijven wat ik in andere kranten graag over mezelf zou willen lezen."

MAGAZINE OVER KUNST   WWW.MISTERMOTLEY.NL   SLECHTS 5 EURO

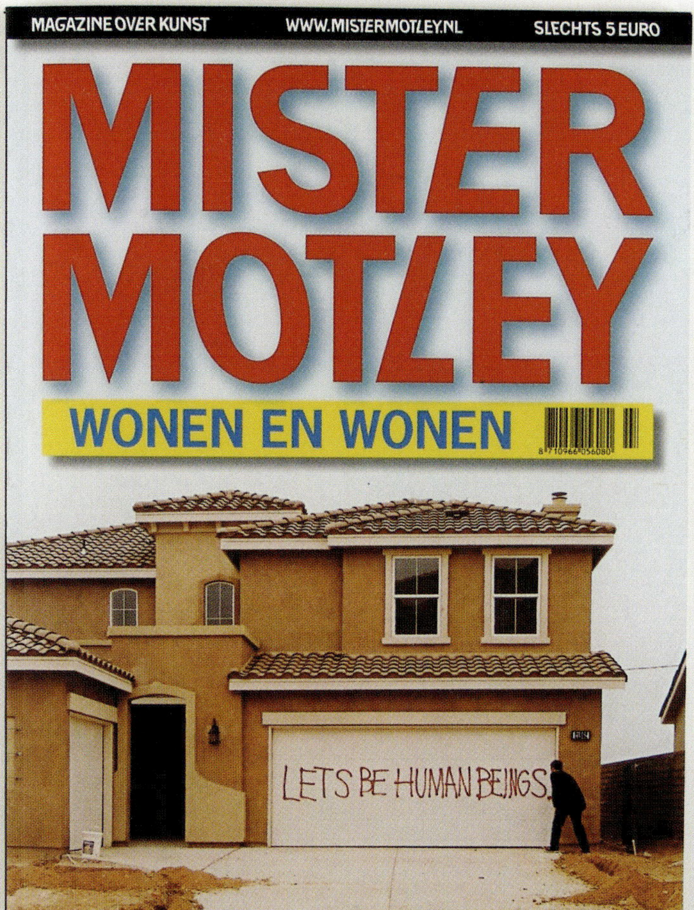
MISTER
MOTLEY
WONEN EN WONEN
LETS BE HUMAN BEJNGS

2nd International
Architecture Biennale
Rotterdam

mare nostrum

papers

FONDS VOOR
BEELDENDE KUNSTEN
VORMGEVING
EN BOUWKUNST

F

2000

JAARVERSLAG
MET ESSAYS VAN
GUUS BEUMER
EN BAS HEIJNE

01 liefde van de man gaat door de maag - boomerang, 1999
02 burning love - boomerang, 1998
03 beterschap van 75B - boomerang, 1997
04 voetbal is oorlog - boomerang, 1998
05 prettige kerstdagen - boomerang, 1997
06 kerstmis - boomerang, 2001
07 pasen - boomerang, 1999
08 paashaas - boomerang, 1998
09 van 75B voor sinterklaas - boomerang, 1998
10 sinterklaas #03 - boomerang, 1999

10
free cards

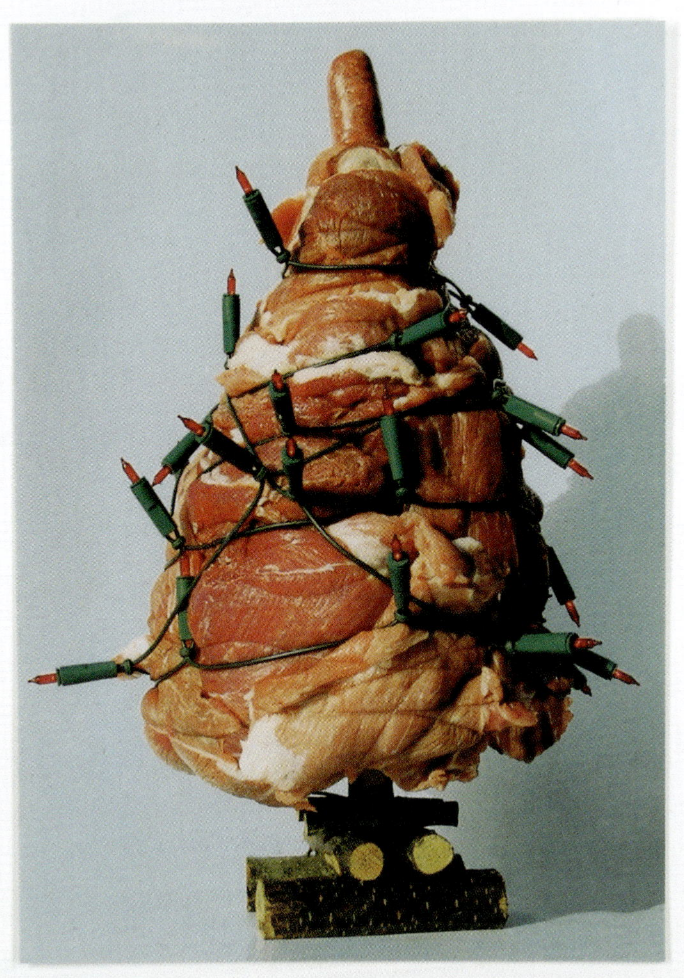

01 nuevos disenadores holandeses - laus, barcelona, 2001
02 75B building* - district q, rotterdam, 2006
03 broken arms - nu of nooit, rotterdam 1998
04 jong! 1990-1999* - historisch museum rotterdam, 2000
05 kleur! - bezet, artoteek schiedam, 1999
06 next image/holland international* - sm, amsterdam, 1999
07 holland international* - lace gallery, los angeles, 1998
08 kijk hier es naar - fons welters, amsterdam, 2001
09 graduation show - willem de kooning academy, rotterdam, 1997
10 streetwise/10 years of party house - kunsthal, rotterdam, 1998

10
exhibitions

Basissubsidies

75B • GEBOUW
WWW.75B.NL
800 luxeappartementen en 200 penthouses
350 WERKRUIMTES TE HUUR
Binnenpark met 60 bomen en riante vijver
157.650 M² - Hoogte 75m
VERKOOP GESTART
75B
• Makelaar: Kooijman BV • Project ontwikkeling: Peter Hopman • Hoofd uitvoerder: Bücking Building
chitect: 75B_architects •

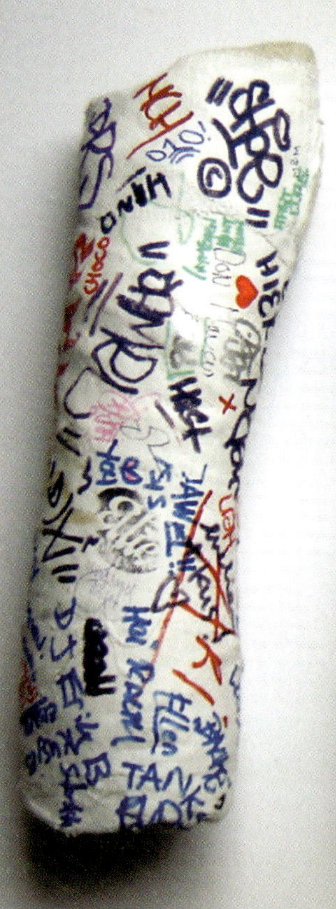
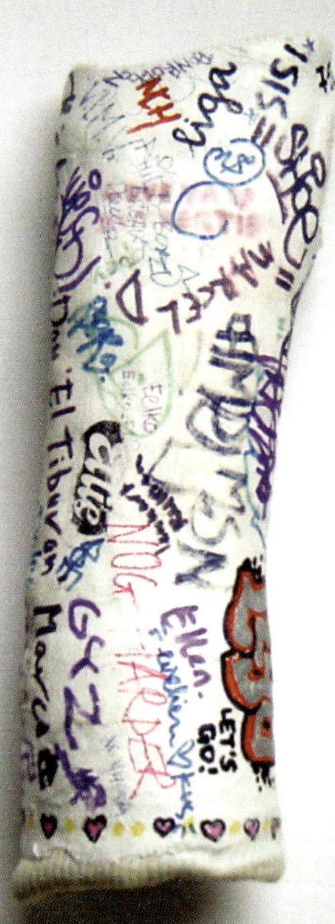
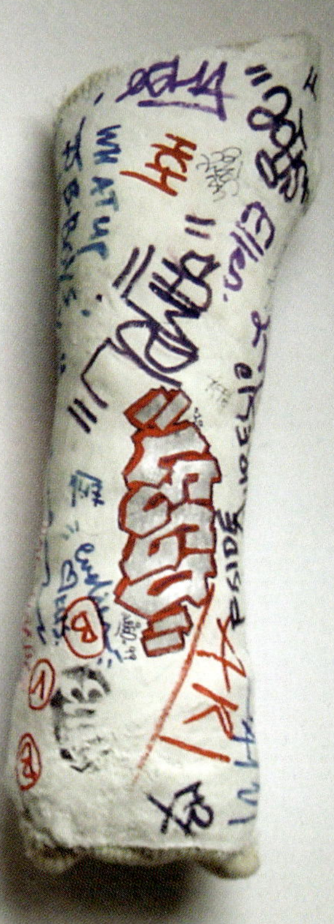

997
RLPOWER
SMACK MY BITCH UP
1993
fuck you
i won't do
1994
A LOSER BA

M
RELAXATION
2,228

WAT DACHT JE HIER VAN
IS DIT NIKS
IK DACHT MEER AAN ZOIETS

75B is robert beckand, rens muis, pieter vos
75B studio: marije stijkel, thijs van beijsterveldt, geneviève kooijman

address:
van oldenbarneveltstraat 116
3012 gv rotterdam, the netherlands
t +31 10 2800 712
office@75b.nl
www.75b.nl

photography:
han van senus (exhibitions, 04)
rick messemaker (public spaces, 02)
maurice scheltens (exhibitions, 06)
gert jan van rooij (exhibitions, 08)
ido menco (exhibitions, 09)

design: 75B
text: boyd coyner
printing: veenman drukkers
production: sebastiaan hanekroot/veenman publishers

publisher:
veenman publishers/gijs stork
sevillaweg 140
3047 al rotterdam, the netherlands
t +31 10 245 3333
www.veenmanpublishers.com

isbn 90-8690-021-6

distribution:
d.a.p
155, sixth avenue, 2nd floor
new york, ny 10013, USA
t +1 212 627 1999
dap@dapinc.com

idea books
nieuwe herengracht 11
1011 rk amsterdam-NL
t +31 20 622 6154
idea@ideabooks.nl

art data
12 bell industrial estate
50 cunnington street
london w4 5hb-UK
t +44 208 747 1061
f +44 208 742 2319